SV

Band 436 der Bibliothek Suhrkamp

Sie hatte Vorbilder – von Hölderlin bis Trakl – und sie fand »für die Zerstörung, die Auflösung und die Erschütterung eine lapidare, eine vorbildlich sparsame und doch niemals karge Sprache. Ihre Ruhe tarnte nicht die Unruhe, sondern ließ sie erst recht fühlen und erkennen. Ihre Verhaltenheit unterstrich ihren Schmerz, ihre Verzweiflung. Immer ist diese Poesie der Marie Luise Kaschnitz in höchstem Maß persönlich und doch zugleich welthaltig. Sie zeichnet sich durch kammermusikalische Intimität aus. Gleichwohl geht von ihr eine geradezu alarmierende Wirkung aus. Sie erteilt uns eine sprachgewaltige Lektion der Stille.«

Marcel Reich-Ranicki zum Tode von Marie Luise Kaschnitz

Marie Luise Kaschnitz

Gedichte

Marie Luise Kaschnitz
Gedichte

Ausgewählt von Peter Huchel

Suhrkamp Verlag

Erste Auflage 2016
Suhrkamp Verlag Berlin

Umschlag: Willy Fleckhaus
Printed in Germany
ISBN 978-3-518-241-288

Am Strande

Heute sah ich wieder dich am Strand
Schaum der Wellen dir zu Füßen trieb
Mit dem Finger grubst du in den Sand
Zeichen ein, von denen keines blieb.

Ganz versunken warst du in dein Spiel
Mit der ewigen Vergänglichkeit,
Welle kam und Stern und Kreis zerfiel
Welle ging und du warst neu bereit.

Lachend hast du dich zu mir gewandt
Ahntest nicht den Schmerz, den ich erfuhr:
Denn die schönste Welle zog zum Strand,
Und sie löschte deiner Füße Spur.

Rückkehr nach Frankfurt

Opernplatz, Rose den Winden,
Stern, der die Straßen entläßt,
Wie Du mir aufblühst im blinden,
Dunkeln Kastaniengeäst.
Wie dann im Näherkommen
All Deine Schönheit zerbricht,
Gealtert und verkommen
Dein Leib und Angesicht.
Säulen und Giebelschräge
Kulissen nur noch zum Schein,
Dahinter der Eulen Gehege,
Der Raben Stelldichein.
Die Töne alle versungen,
Die Goldgewänder verzehrt,
Weiß Gott, wohin entsprungen
Vom Dach das Flügelpferd.
Und drüben der Sockel, inmitten
Von Dornen und Nesseln leer,
Als sei einer fortgeritten,
Man weiß schon nicht mehr wer.
Und doch kann ich nicht beklagen,
Windrose, Dich und Stern,
Da Dir durchs Herz getragen
Ins Ferne und von fern
Der Straßen wildes Gedränge,
Des Tages junges Blut.
Das hat aus sich selbst Gesänge
Und aus sich selber Mut.

*

Keiner kommt und wehrt
Diesem fremden Pferd
Sich in Rosenbeeten
Einen Pfad zu treten,
Bei den Brunnensteinen
Plötzlich zu erscheinen
Und dann isabellen-
Farben und mit hellen
Schweif- und Mähnenhaaren
Durchs Gebüsch zu fahren.
Der das Haus einst inne,
Schön mit Turm und Zinne,
Kann sich nicht beklagen,
Liegt schon längst begraben.
Nur die vor dem Garten
Auf die Bahnen warten
Sehen es manchmal jähe
Ganz in ihrer Nähe
Bei den Gitterstäben
Stolz das Haupt erheben,
Greifen mit den Händen,
Weichen vor dem fremden,
Vor dem Urweltblick
Scheu zurück –

Gefahr ist der Fluß geworden,
Seine Wasser führen den Rest
Von Sengen und Brennen und Morden,
Krieg und Leichenpest,

Giftige Keime in Schwaden,
Absud von Jammer und Not,
Darf niemand schwimmen und baden,
Er tränke sich den Tod.

Leer ist der Fluß geworden
Nach den Tagen des Zorns,
Still von den schrillen Akkorden
Der Pfeifen und des Horns.
Stromüber fallend und steigend
Umzuckt ihn der Möwen Schrei,
Riesig zieht er und schweigend
Zu meinen Füßen vorbei.

Heiterer schien er mir immer
In der anderen Zeit,
Als er den Lichtschein der Zimmer
Trug wie ein flackerndes Kleid
Und hinschoß unter den Brücken
Und sie rauschend verließ,
Als die Lampen noch glühten
Bei den südlichen Blüten
An der Mauer, die Nizza hieß.

Doch die Wasser kommen von weit her,
Von Tannen und duftendem Heu,
Und durch alles Geschehene seither
Gehen sie schrecklich neu
Und müssen erst alles erfahren
Und sinken lassen zum Grund,
Auch das Haupt mit den Schlangenhaaren
Und dem schreienden Mund.

Und tragen noch lange schwer hin
Der Ufer vergängliches Los,
Und singen es dann in den Meerwind
Und betten es in den Schoß.

*

Sahest Du's: als ich den Blick fand,
Wie er zu blühen begann?
Hörtest Du's: als mir der Mund sprach,
Wie die Trauer zerrann?

Wir haben so lange geweint.
Laß das Licht uns borgen
Von dem Stern, der morgen
Uns erscheint.

Herbst im Breisgau

Drei Schritte von meinem Vaterhaus
Bin ich über meinen Schatten gesprungen.
Da hingen die Dächer firstab im Blau
Die Linden wurzelten im Wolkenbett
Die Toten flogen vom Weinberg auf
Seltene Vögel.

Gekleidet in die graue Wolle der Waldrebe
Steigt der Herbst von der Höhe.
Sitzt bei den Kindern am Wiesenfeuer.
Die braten die Frösche
Die knacken die Schenkel
Die schlagen wenn der Abend graut
Aus dem wilden schwarzen Kartoffelkraut
Funken wie Sterne.

Der Sog der Schwalben ist stärker als alles andre
Er zieht aus der glitzernden Wiese die Zeitlose auf
Und die Nebel die kommen und fliehen.
Weil die Stare so hoch im Himmel schrieen
Verlassen die Bienen den Efeu
Und die Nebel die kommen und fliehen.
Die Blätter der Linde lassen sich fallen
Und die Blätter der Rosen.
Ein Zug dorfaus
Die riesigen Sonnenblumen voraus
Die wilden schwarzen Medusen.

Dem Fels im Walde steigt der Nebel zu.
Begräbt am Hang die Buchen und den Wein.
Wo sonst die rauhen Wurzeln sich verschlingen
Hängt graues Tauwerk aus den Eisenringen.
Versteinte Muscheln färben sich opal
Meerüber kommen die verlornen Segelschiffe
Und Kinder gehen schlafen in der Grotte.
Feine Skelette legen sich zur Ruh.

Im Hohlweg zieht die kleine Prozession
Jesus aus Holz geschnitzt
Auf dem Esel aus Holz geschnitzt.
Jesus mit rosenroten Wangen
Die kleinen Räder knarren und singen
Eine Krone für mich eine Krone für Dich
Aus der roten Berberitze.

In den Springbrunnen fällt die Nacht
Wie ein Stein vom Himmel.
Schlägt dem Putto ins breite Gesicht,
Reißt ihm die Locken herunter.
Auf der Rose dem schwankenden Lächeln
Treiben die Fische tot.

Im grünen Osten steht der Fürst der Welt
Die Blüte in der Hand.
Im roten Westen steigt mit Lilienhänden
Das Fleisch gen Himmel.
Mein Bett das leichte Holz
Treibt auf dem versandenden Strome.
Die Uhren schlagen. Keine Stunde gilt.

Wo

Wo. Bei den winzigen Schneckenhäusern
Im knöchernen Distelgezweig
Der sizilischen Hügel
Oder im Dunststreif
Künstlich fontänengleich
In den Äther geführt
Von der rasenden Staffel.
Im Hochmoor
Im wächsernen Wollblumenhaupt
An dem ich vorübergehe
Weinend nichtsahnend.
Im Lichtfleck
Der hinstreift nachts
An der Wand meines Zimmers.
Im Libellenflügel der surrt
In der Glocke die hämmert.
Du
Überall Nirgends.

Auferstehung

Manchmal stehen wir auf
Stehen wir zur Auferstehung auf
Mitten am Tage
Mit unserem lebendigen Haar
Mit unserer atmenden Haut.

Nur das Gewohnte ist um uns.
Keine Fata Morgana von Palmen
Mit weidenden Löwen
Und sanften Wölfen.

Die Weckuhren hören nicht auf zu ticken
Ihre Leuchtzeiger löschen nicht aus.

Und dennoch leicht
Und dennoch unverwundbar
Geordnet in geheimnisvolle Ordnung
Vorweggenommen in ein Haus aus Licht.

Abgesang

Fährfrau mit dem runden Hut
Hast du ihn gesehen?
Ja, sagt die Fährfrau.

Hirte mit dem toten Lamm
Hast du ihn gesehen?
Ja, sagte der Hirte.

Bergmann mit dem weißen Licht
Hast du ihn gesehen?
Ja, sagt der Bergmann.

Welchen Weges ging er, Fährfrau?
Übers Wasser trocknen Fußes.

Welchen Weges ging er, Hirte?
Berghinüber leichten Atems.

Welchen Weges ging er, Bergmann?
In der Erde lag er still.

Was stand auf seinem Gesicht geschrieben?
Frieden, sagten alle. Frieden.

Gloria

Bänder rückwärts gespielt
Geschnatter
Höllengelächter.
Sieben Ziffern
Auf der Wählscheibe gedreht.
Ich melde, ich will aus der Welt gehen.
Macht doch Regen Freunde
Peitscht die Wolken
Schlaff sind die Schläuche
Der Acker ist dürr.

Wohl tat zu singen
Das Heimweh nach Wäldern
Halali zu blasen
Und zu trommeln über den Gräbern.

In der Kammer schlafen
Die Instrumente
Goldglühende
Ebenholzschwarze
Unter staubigem Samt
Und die Träume.

Ein Gedicht erfinden
Die Worte ins Feuer blasen.
Musik aufschreiben
Die Noten zerkauen
Schluck unter, Häftling.

Lautlos sprechen
Tonlos singen
Wir das kalte Goria.

Anders

Will sich nicht mehr behaupten
Armes Haupt.
Fällt in den Nacken
Zählt das Schilf am Himmel
Und die Fischerlichter die Sterne.
Sinkt auf die Brust
Da ticken die Warnsignale
Eine bündige Sprache.

Wer endete seine Musik
Noch mit vollem Akkord
Oder gar mit Posaunen?

Wir haben gesungen
Die Katze hat uns geholt.
Jetzt singen wir wieder
Sagen noch manchmal
Du Meer
Du Liebe
Aber anders
Mit kleinerem Atem.

Erde

Erde der ich so oft
Mein stockendes Leben
Abgewann mit der doppelten Augenzahl
Mit der Herzkarte Liebe.

Die mich lockte die Stockfinsternis
Und der hellichte Tag
Und die Nachzüglerschwalbe
Fledermausleicht
Die Herbstzeitlose des Himmels.

Lebendiges Wasser
Forellenschnell
Grünschattig bachab
Und die Flamme Bergahorn
Vor dem erloschenen Gletscher.

Felsen von Salzwasser rauh
Muschelumblätterte
Besponnen von eisernen Moosen
Und der gierige Seevogelschrei
In der kieselreißenden Brandung.

Ehe ich noch gehe
Alle verlaßt ihr mich
Faltet euch ein
Wie die Novemberrose
Papyrusgraue

Wer sagt daß er sterben muß?
Eh wir noch gehen
Stirbt uns die Erde
Stirbt uns das Wasser
Und längst ist die Schwalbe dahin.

Grundwasser

Jahre
Berge von Jahren
Abtragen
Gebackene Unzeit
Torfschwarze Verzweiflung.

Schaufel
Blaues mein Eisenblatt
Durchschneidet die Gräber leer
Die Schatzhöhlen ausgeweidet.

Graben
Und tiefer noch graben
Gebückt
Im Nacken die kalten
Signale des Himmels

Sinken
Und tiefer noch
Quillt das Gedächtnis
Im Wurzelwasser
Im dunkelsten Spiegel
Aufleuchtet mein Schneeweiß
Geduldiger Stern.

Dreimal

Dreimal ging die Witwe übers Oedland,
Da war kein Frühling, kein Sommer, kein Herbst noch
Winter.
Mitten im Oedland saß ihr Mann, ihr Liebster,
Und das erste Mal kniete sie nieder, umfing seinen
Schoß,
Sagte, wir haben die Kürbisse eingelegt
Sauer und süß. Wir sammeln die ersten Nüsse.
Die Kinder schreiben das A und das O.
Leb wohl, und der Tote nickte.

Dreimal ging die Witwe übers Oedland.
Da war kein Tag, keine Nacht, kein Morgen noch
Abend.
Mitten im Oedland saß ihr Mann, ihr Liebster,
Und das zweitemal legt sie ihm ihre Hand auf die Brust,
Sagte, ein Schnee ist gefallen, die Fenster blühn,
Der Igel hält seinen Winterschlaf,
Die Kinder backen Monde und Sterne.
Leb wohl, und der Tote nickte.

Dreimal ging die Witwe übers Oedland,
Da war kein Wasser, kein Feuer, keine Luft noch Erde.
Mitten im Oedland saß ihr Mann, ihr Liebster,
Und das drittemal sah sie ihn an, berührte ihn nicht.
Sagte, wir haben die Beete abgedeckt,
Die Erde in unserem Garten ist schwarz und fett,

Die Kinder verbrennen den Winter.
Leb wohl, und der Tote nickte.

Zum andernmal ging die Witwe, fand das Oedland nicht mehr.
Hoch stand das Gras, verwachsen starrten die Hecken,
Margeriten blühten und Rosen, die Sichel ging.
Leb wohl, und die Sonne nickte.

Ich lebte

Ich lebte in einer Zeit,
Die hob sich in Wellen
Kriegauf und kriegab,
Und das Janusgesicht
Stieß mit der Panzerfaust
Ihr die bebänderten Wiegen.

Der Tausendfüßler, das Volk,
Zog sein grünfleckiges Tarnzeug
An und aus,
Schrie, haut auf den Lukas,
Biß ins Sommergras
Und bettelte um Gnade.

Viel Güte genossen
Die Kinder,
Einigen schenkte man
Kostbares Spielzeug,
Raketen,
Andern erlaubte man,
Sich ihr eigenes Grab zu graben
Und sich hinfallen zu lassen tot
Zu den stinkenden
Schwestern und Brüdern.

Schwellkopf und Schwellbauch
Tafelten, wenn es bergauf ging,
Zander und Perlwein.

Die Erdrosselten saßen
Die Erschossenen mit am Tisch
Höflich unsichtbar.

Um den Himmel flogen
Selbständig rechnende
Geräte, zeichneten auf
Den Grad unsrer Fühllosigkeit
Den Bogen unsrer Verzweiflung.

In den Sperrstunden spielten
Abgehackte Hände Klavier
Lieblichen Mozart.

Ein Gedicht

Ein Gedicht, aus Worten gemacht.
Wo kommen die Worte her?
Aus den Fugen wie Asseln,
Aus dem Maistrauch wie Blüten,
Aus dem Feuer wie Pfiffe,
Was mir zufällt, nehm ich,

Es zu kämmen gegen den Strich,
Es zu paaren widernatürlich,
Es nackt zu scheren,
In Lauge zu waschen
Mein Wort

Meine Taube, mein Fremdling,
Von den Lippen zerrissen,
Vom Atem gestoßen,
In den Flugsand geschrieben

Mit seinesgleichen
Mit seinesungleichen

Zeile für Zeile,
Meine eigene Wüste
Zeile für Zeile
Mein Paradies.

ROM 1961

Wiedergesehen die Stadt
Eine mächtige geschleuderte Wabe
Mit den pickenden Altartauben
Den Seelenvögeln
Aufgescheuchten zum Himmel.
Mit kopflosen Märtyrern
Hervorschießend aus ihren Gräbern
Mit leuchtendem Springwasser
Fliegend von Brunnen zu Brunnen
Mit Brausen schwerrädrigem
Funkelnder Explosion.

Alle ihre Pinien fand ich
Ihre Platanenalleen
In Bewegung gesetzt
Ihre rostroten Drehbühnenpaläste
Ihre Statuen
Säulengehege
Mir vorübergerissen rundum.

Wer klinkte in solcher Eile noch Türen auf?
Wer vernähme im Innern der Kirchen
Die todstille Messe?

Übersprungen vom Lichtschein
Fortwähren Jahrtausende
Erschütterter Steine
Und Cypria Weltherz Du

Geschlagen gebeutelt gepreßt
Verschenkst Deinen leuchtenden Honig.

Notizen der Hoffnung

Nicht zu vergessender Stein
Der mir den Himmel aufriß
Brunnentief über den Erlen
Nicht zu vergessender
Singender Pfiff
Aus dem Herzen des Reisigfeuers.
Nicht zu vergessendes Wiegen
Ast über Ast
Der Knaben im Buchenskelett
Nicht zu vergessende Märzsonne
Ungebührliches Scheinen
Und purpurner Seidelbast
Tannenschonungversteckt
Blühend für keinen.

Verdächtiges Ich

Überspringen wir doch uns selbst
Meiden wir diese
Ortschaften ausgediente
Vorderes hinteres Elend
Und den erschütterten Menschen.

Wieviele Schneefälle sind
Die kein Auge sieht
Und Meteore wieviele
Stürzen während wir schlafen.

Besinne verdächtiges Ich
Den Rehschädel an der Wand
Die beinweiße schweigende Maske
Und draußen das flirrende Laub
Das deinen Atem nicht braucht.

Alles das Neue

Seht meine Flurkarte
Meine eingeborene Landschaft
Immer aufs Neue gezeichnet
Mein Tal

Mit Waldbergen osthin und südhin
Nacktgrauen Distelkuppen
Windgeschertem Gehölz
Gewaltigem Sternblick

Mit im Westen der Stromebene
Ihren summenden Altwasserauen
Ihrem Hochwasser
Niederwasser
Ihren verfallenen Bunkern

Mit Hügeln sanften im Norden
Rebland und Knabenkrautmulde
Erloschenem Krater
Mein Tal

In dem ich aufwache morgens
Meine Glieder strecke
Landüber wo immer ich sein mag

Aus dessen zähhaftender Erde
Ich Menschen bilde

Lehmgelbe sonnenverkrustet
Flughäute zwischen den Zehen

Dessen Atem aus Föhnwind
Mächtig vogesenher
Mein Gedicht in Bewegung setzt
Mein trauriges Tanzlied

*

Geräusche erratbar
Von stählernen Wegbaumaschinen
Heuwirblern Fruchtschneidern Sägen
Vom Bachwasser Echo der Sprengung
Angelus
Hacke im Weinberg

Gerüche erratbar
Von glühenden Brombeergehegen
Rauch der Oktoberfeuer
Staubstraßen Rapsfeldern
Harzfluß

Prall von Erinnerung alles
An Scheinwerfer Panzergräben
Christbäume gesetzt an den Himmel
Christbäume unruhig flackernd
Auf dem Schneeacker Windacker der Toten
An Robert und Lucien Gefangene
Die ihr das Bett
Meiner Mutter mit Wintergrün schmücktet
An schartiges Wildgras das wuchs überwuchs
Die Goldraute in Zeiten der Trauer.

Deutlich zu unterscheiden
Das Alte schwerhäuptig von Leben
Und das Kommende zartnadelig hellgrün
Leichtfüßige Häuserzeilen
Setzlinge gereiht unterm Glasdach
Kinderruf Adrian Philipp –

Alles das Neue das kommt
Und hat seine Zeit
Und hat seine Liebe sein Tal
Unter dem wechselnden Himmel.

Meine Neugier

Meine Neugier, die ausgewanderte, ist zurückgekehrt.
Mit blanken Augen spaziert sie wieder
Auf der Seite des Lebens.
Salve, sagt sie, freundliches Schiefgesicht,
Zweijährige Stimme, unschuldig wie ein Veilchen,
Grünohren, Wangen wie Fischhaut, Tausendschön
Alles begrüßt sie, das Häßliche und das Schöne.

Gerade als hätte ich nicht schon längst genug,
Holt sie mir meinen Teil, meinen Löwenteil,
An dem, was geschieht, aus Häusern, die mich nichts
angehen.
Ein Ohr soll ich haben für jeden Untergang
Und Augen für jede Gewalttat.

Die schönste Abendröte kommt dagegen nicht auf,
Die zartesten Gräser sind machtlos.
Wie sehne ich mich nach der Zeit, als sie nichts zu
bestimmen hatte,
Als ich hintrieb ruhig im Kielwasser des Todes,
In den milchigen Strudeln der Träume.

Vergeblich jag ich sie fort, meine Peinigerin.
Da ist sie wieder, trottet und hüpft,
Streift mich mit ihrem heißen Hündinnenatem.

Vergeblich beklage ich mich.
Was für ein schreckliches Lärmen,

Was für ein Gelauf und Geläute,
Was für eine Stimme, die aus mir selber kommt,
Spottdrosselstimme, und sagt,
Was willst du, du lebst.

O wie legen sich Dir auf die Brust mit Berggewichten
Die Dome Paläste und Säulen und bronzenen Türen.
Schreien möchtest Du, seid Ihr noch immer da
Madonnen lächelnde und Engelkränze
Gebäumte Leiber der Sklaven und heischt Ihr noch immer Bewunderung?
Aufsässig wanderst Du hin durch den Saal der Vergangenheit.
Und verbergen willst Du das Haupt, irgendwo, wo es still ist.
Im Höfchen bei rostroten Mauern, bei zerbrochenen Jünglingsleibern
Im bitteren Dufte des Lorbeers.

Und immer bricht irgendwoher wie aus tiefer Schlucht
Ein Hufgetrappel und berittne Schar
Drängt Dich zum Straßenrand. Goldstarre Quasten
Und seidene Fahnen streifen Dein Gesicht
Und Kuttenmänner mit glühenden Augenschlitzen
Und Priester im Brokat überwandeln Dich schweigend
Und Fackeln flammen auf, ein Liebesglanz
Im dunkeln Flusse. Beifallklatschen weht
Wie Taubenflügelschlag am Felsenhange,
Wenn das Gnadenbild Dir erscheint, die schwarze Jungfrau
Aus der Höhle am Berg, die fremde stadtungewohnte

Oder der mit den silbernen Fischen, den sie zum Ufer
 tragen
Aufs Nachtmeer hinaus und die Boote folgen alle
Lang dem lebendigen Licht. Eine Flotte der Sehnsucht.
O Heimat nicht von dieser Welt. Sehr klug
Gelenktes Maskenspiel. Doch fernerher
Und fernerhin, als sie wissen, die Wanderung
Vom Dunkeln ins Schrecklich Helle.

*

Kriegsknechte verlangen von Dir das Losungswort
Wenn Du den Ring zu küssen gehst und weißt
Nicht mehr warum und verlierst Dich bald
In Statuenwäldern, Gehegen von marmornen Tieren.
Was tust Du hier, vertriebener Heliodor?
Fremd Du im Saal wo die gelehrten Greise
Vor sich auf samtenem Kissen das edle Bruchstück
Besonnen ordnen ins Geflecht der Zeit?
Fremd Du im Saal wo sie über die Schriften sich beugen
Und trachten im geschliffenen Rund der Gläser
Verblichene Züge Gottes zu erspähen.
Und keiner hält Deine Hand im dunkeln Kellerverliese
Wo die Steine so brunnentief hallen und keiner hört
Die Schreie des Verirrten vom Altan....

*

Und immer werden Tote Dir begegnen,
Knieende Päpste in steinerne Kissen versunken
Aufhebend den englischen Blick und die eiteln Caesaren
Mit der gepanzerten Brust und die bronzenen Reiter
Die ihre große Mondlichtschattenhand
Über die Plätze legen in der Nacht.

Und diese Stilleren, aufs Marmorband
Der Ruhmessäule wie aufs Rad geflochten
Lanze bei Lanze, Schild an Schild gedrängt,
Pygmäische Schar, und dort im Klosterhof
Im Kreis der Fabeltiere, abgelöst
Vom Boden schon, der sterbenden Cypresse
Hilflos geneigter Stamm und schwarze Krone.
Und einer folgt Dir stufenabwärts tief
In die versunkene Kirche wo Weihrauch nicht steigt
Wo Orgel nicht tönt und Gesang. Und tiefer noch
Tief in den Nekropolen klingt sein Schritt
Von Totenhaus zu Totenhaus, verstummt
Zuletzt vielleicht in der gemalten Kammer
Wo aus dem Rebenlaub mit weißen Rossen
Helios aufsteigt im Strahlenkranze des Lichts.

*

Was ist aus der alten Totenstraße geworden?
Eine Lichterreihe landüber, glänzende Schnur
Ein Brausen von Motoren zwischen Mauern
Mühsamer Atem, Scheu vor fremden Gliedern
Blick in die Leere, zwischen Tag und Schlaf.
Und doch vielleicht beim kurzen Aufenthalt
Erkennst Du wieder das Tor, die gestaffelte Mauer
Und feldüber die flüchtigen Arkaden, die Wasserträger
Und den Geruch von Korn und die schwarzen Schwalbenschwanzzinnen
In den goldenen Himmel gereckt. Und der Fledermäuse
Gerüstloses Flattern im dämmernden Piniengezweig
Das sich aufhebt und sinkt mit dem Winde. Ja, dort erfährst Du
Dein Nicht mehr-ich. Die Ablösung, Erlösung

Von dem was war und wird. Den Hauch Vorbei
Beim alten rätselhaften Wirtshausschild
»Hier stirbt man nie. Qui non si muore mai«.

*

Vom Turm der Freude, den Du aufgerichtet hast
Irgendwo inmitten der Stadt unsichtbar
Reißen Deine Augen an sich das weit entfernte
Durchdringen besser als Fernsehlinsen den Brodem
Zwingen die braune Ebene, die Flügellinie der Berge
Alles Dir nahe. Die weißen campanischen Rinder
Und Bambuswälder mit Schößen wie Spargel wachsend
Unter der blätternden Hülle silbernen Staub,
Und am Weinberg die Schalen voll grünblauen Rebengiftes
Und auf dem Hügel das Kloster, wo die Knaben arabisch singen
Umd im Tale das Haus mit den offenen Bogengängen
Und im Steineichenschatten den glühenden Rosenbusch.
Und alles hat Raum und alles geheime Entsprechung
Tief in Dir selbst. Auch im Ölwald die Leuchtkäfer schwebend
Hoch im Gezweig und erlöschend wie Meteore
Auch das Lachen der Mädchen im Fenster des einsamen Hauses
Das durstige nach Erfüllung.

Die Kinder dieser Welt

Die Kinder dieser Welt hab ich gesehen.
Mein Bruder hatte sie eingeladen
Über die sieben Berge zu fahren.
Über die sieben Berge fuhren
Die Kinder dieser Welt.

Auf dem ersten Berg war Jahrmarkt.
Die Kinder riefen, halt an.
Da tanzten über dem Rasenzelt
Milchblaue Bälle mit Nasen.
Haben, riefen die Kinder der Welt.

Auf dem zweiten Berg lief der Sturmwind
Und die Kinder schrien, hol ein.
Sie stampften und griffen ins Steuerrad
Sie ließen die Hupe gellen.
Ich weiß nicht was mein Bruder tat
Um ihrer Herr zu sein.

Auf dem dritten Berg stand die Nebelkuh
Und leckte über das Gras.
Da machten die Kinder die Augen zu
Sie fragten, sind wir nicht blaß?
Wir stürzen in die tiefe Schlucht.
Wer weiß, wer unsre Knöchlein sucht.
Sterben, sagten die Kinder der Welt.

Auf dem vierten Berg war ein Wasser.
Und mein Bruder sagte, vorbei.
Da wollten die Kinder ihn schlagen
Sie sprangen vom fahrenden Wagen
Mitten in den See.
Sie schwammen dort in der Runde
Tief unten am steinigen Grunde
Wie die Kinder der Lilofee.

Auf dem fünften Berg schien die Sonne
Wie sieben Sonnen klar.
Da streckten die Kinder die Arme aus
Und beugten sich weit zu den Fenstern heraus
Mit wehendem Haar
Und winkten und sangen laut dabei
Wie süß die sündige Liebe sei.
Küssen, sangen die Kinder der Welt.

Um den sechsten Berg schlich der Mondmann
Klein und gebückt.
Seinen Hund an der Leine.
Da rückten die Kinder zusammen.
Mein Vater ist verrückt
Mein Bruder hat keine Beine
Meine Mutter ist fortgegangen
Kommt nicht zurück ...

Auf dem siebenten Berg war kein Haus
Und mein Bruder sagte, steigt aus.
Da wurden sie alle traurig
Und ließen die Luftballons los

Und das lieblichste übergab sich
Gerade in seinen Schoß.

Sie gingen eins hierhin, eins dorthin
Die kleinen Fäuste geballt
Und wir hörten sie noch von ferne
Trotzig singen im Wald.

Hiroshima

Der den Tod auf Hiroshima warf
Ging ins Kloster, läutet dort die Glocken.
Der den Tod auf Hiroshima warf
Sprang vom Stuhl in die Schlinge, erwürgte sich.
Der den Tod auf Hiroshima warf
Fiel in Wahnsinn, wehrt Gespenster ab
Hunderttausend, die ihn angehen nächtlich
Auferstandene aus Staub für ihn.

Nichts von alledem ist wahr.
Erst vor kurzem sah ich ihn
Im Garten seines Hauses vor der Stadt.
Die Hecken waren noch jung und die Rosenbüsche zierlich.
Das wächst nicht so schnell, daß sich einer verbergen könnte
Im Wald des Vergessens. Gut zu sehen war
Das nackte Vorstadthaus, die junge Frau
Die neben ihm stand im Blumenkleid
Das kleine Mädchen an ihrer Hand
Der Knabe der auf seinem Rücken saß
Und über seinem Kopf die Peitsche schwang.
Sehr gut erkennbar war er selbst
Vierbeinig auf dem Grasplatz, das Gesicht
Verzerrt von Lachen, weil der Photograph
Hinter der Hecke stand, das Auge der Welt.

Karte von Sizilien

Ich zeichne Euch den Umriß. Einen Flügel
Wie von der Schulter einer Siegesgöttin.
Den Aufriß, eine Scholle Felsgebirge
Stehen geblieben unterm Glanz der Sonne
Indes mit Tang und Sand und Zug der Fische
Das Meer die süßen Ebenen bedeckt.
Das dunkle Strichwerk meint den Sturz der Hänge.
Flußtäler sieben bleiben ausgespart.
Ein Zackenkranz der Berg, wo Eis und Feuer
Heilige Hochzeit halten. Jetzt rückt näher
Am Abendtisch. Den Ölkrug heb ich auf.
Wo ich die Tropfen fallen lasse, wachsen
Wälder von schwarz und silbernen Oliven.
Wo ich das Brot zerkrümle, weht die Saat
Auf roten Hügeln, weiter Weg der Pflugschar.
Das weiße Salz im Osten ausgeschüttet
Meint Nahrung aus dem Meere, Salz und Fische
Aber das gelbe Mondviertel Citrone im Norden
Schatten der Laubendächer. Süßen Blühduft.
Die roten Pfeile, ausgestreckt im Meer
Dieser vom Festland, dieser von Afrika,
Dieser von Spanien, der aus der Peloponnes
Sind die Schiffswege der fremden Eroberer.
Nun hebt vom Gartenpfad die weißen Kiesel
Zu zweien, dreien. Glänzen sie Euch nicht
Tempeln und Domen gleich im Mondeslicht –
Doch stampf ich mit den Füßen, seht
Wie sie schüttern und tanzen

Wie im Beben der Erde der fällt, der steht.
Die Lampe rück ich fort und wieder her
Und wieder fort. Nun Licht. Nun Dunkelheit.
Glanz und Verderben, ewiger Widerstreit.
Wo ist der kleine Bauer, den ich mir
Aus Brot geknetet? Dieser steht noch immer
Die Hacke in der Hand. Ein wenig tiefer
Gebeugt als zu Beginn. Was ist das Ganze?
Brot, Blut und Stein. Ein Stückchen Abendland.

Palermo

In Palermo der Spruch aus der fünfundfünfzigsten Sure:
Gelobt sei Gott, der Herr der Jahrhunderte

In Palermo die winzige Fratze Cherubim
Sodom in Flammen, Simon Magus Sturz

In Palermo das tropfnasse Pflaster lavaschwarz
Giftgrüner Kohl, flatternde Wäsche der Armen

In Palermo die Gräber, kaiserlicher Porphyr
Zu Staub zerfallende Tunika, Krone und Schwert

In Palermo die Seufzer der steinalten Männer bergauf
Mit Körben voll triefendem Gras

In Palermo die glitzernde Kirche Juwelenschrein
Gelsomine am Brunnen verzweigt

In Palermo die spitzige Trauer Kindergesicht
Hungerbauch, brennender Ausschlag

In Palermo die mächtigen Winterwellen am Strand
Gewitternebel, Regenbogen, Rostschiff

In Palermo der schweigende Garten Sterbegeruch
Fleischfarbene Blüten, eisenblaues Gras

In Palermo das scheppernde Glöckchen Tagvorbei
Stimmen der Wächter hinter Abendbüschen:

Si chiude.

Segesta

In der Hand das Gefühl von winzigen Schneckenhäusern
Zwergpalmenschäften und Dornen der Aloe.
Unterm Fuße Geröll und uralten Pflasterstein.
Im Ohr das Angstgeschrei der kleinen Vögel
Der Bewohner der Schlucht, der aufgescheuchten
Vom Flügelschlag des Räubers.

Regen, Regen
Auf dem Dach der hilflosen Hütte.
Gespräch der Eingeschlossenen von alter Sorge
Uralter Krankheit Armut.

Am Nachmittag der helle Streifen Blau
Im Westen. Fortgeschoben Zoll
Um Zoll die schwere Decke. Irisfeuer
In jedem Tropfen. Macchiagesumm.

Maultiergespanne wachsen aus dem Acker
Pflüge der Vorzeit. Einsame Eselreiter
Schwarze, erscheinen wieder am Saume des Himmels.

Die Abendsonne saugt ertrunkene
Gehöfte aus dem Schlamm und Fensterscheiben
Mit kleinem rotem Licht darin zu glühen.

Vögel reißen empor die verkrusteten Wälder.
Schmetterlinge rasten auf Kohlgerippen
Auf den eisernen Sternen der Artischocke.

Tief in die Nacht, die andre Verlassenheit
Leuchtet der namenlose
Unvergängliche Tempel.
Säule und Schwelle
Und die erhabene Stirn.

Castelvetrano

Wir beten für die Seele des Banditen
Der gehetzt worden ist wie ein Tier im Wald
Der ein Obdach suchte in den Mauern unserer Stadt
Der getötet wurde im Schlaf und sein Leib auf die
Straße geworfen
Zerfetzt von Kugeln.

Seine Haut war dunkel vom Rauch der Höhlenfeuer
Von der Julisonne, vom Salz der Lagune.
Er hatte die Brust eines Fischers, der sich auf die schweren
Ruder legt
Die Gelenke eines Jägers, der übers Geröll herabspringt.

Schätze hat er gesammelt für die Armen
Hundert Barren Gold, die verschwunden sind.
Die irgendwo liegen klaftertief
Bedeckt von faulendem Laub
Bekrochen von Nattern.

Die in die Wälder gehen, sind Könige.
Durch die Stille der Nacht senden sie Morsezeichen
Unheimlich glänzt der Lichtschein ihres Feuers
Auf dem Grunde der einsamen Schluchten.

Der Herr Offizier hat scharfe Ohren.
Er kommt jeden Tag, ißt zu Mittag, spart nicht am
Wein.

Seine Blicke springen umher wie Eidechsen.
Wir verstehen zu schweigen.

Wir beten für die Seele des Banditen,
Der sein Leben geendet hat wie Jesus Christus
Durch die Hand des Verräters.

Agrigent

Der Sturm hat die Kabel zerrissen. Kein Licht
Im Dom von Agrigent.
Nur Kerzen um den starren Katafalk
Und die grauen Gebete der Schatten.

Erloschen im Fenster die Stadt und achtlos
Hingeworfen über die breiten Hügel.
Scheinwerferstrahl verloren in den Schluchten
Taucht auf, verschwindet.

Eine Stimme, wann in der Nacht, rief – Empedokles!
Und einer am erloschnen Lagerfeuer
Erwachte, sah den Angerufenen
In einem Glanz von Fackeln bergwärts und
Dann niemals wieder.

Phädra im Kerzenlicht, die Klagende
Tritt aus dem Sarkophag und Hippolyt.
Die Hufe stampfen und die heilige Kammer
Hallt wider vom wahnwitzigen Liebesschrei.

Stehen die Wächter wartend nicht am Tor
Und wandert fernher nicht in Regengüssen
Über Felsspalten springend, blutend vom Hagel
Der dem Tode Versprochene?

Der Sturm hat die Kabel zerrissen in der Stadt Agrigent.
Glühend leben die Toten.

Syrakus

Arethusa, moosfarbener Tümpel
Durchwachsen von bleichem Papyrus
Rote Trambahnbillets
Und Blasen von Kinderspeichel
Unbeirrbarer Zug
Der fetten schwarzen Fische.

Im Mondlicht des Traumes die Nymphe
Irrend durch Zweige, behängt
Mit marzipanenen Früchten
Über Weiden voll hölzerner Pferdchen
Von Säule zu Säule im Dom.

Gegen Morgen Palaver der Fischer
Heisere Frühnebelstimmen
Laufschritte, klappernd am Quai.

Greifen sie Dich, Arethusa?
Schon murmelst Du wieder
Moosfarben im bleichen Papyrus.
Schon rührt sich Dein wilder Geliebter
Wirft über die Mauer im Frühlicht
Wellen von salzigem Schaum.

Reggio

Wer den Fisch verfehlt
Darf nicht wieder jagen.
Klage und Fastenspeise
Warten seiner daheim.

Am Ufer der Meerenge steht er
Geduldig auf glatten Steinen
Zieht auf und ab das runde
Korbnetz der Alten.

Sieht sie ausfahren wieder und wieder
Inmitten der blaugrünen Ströme
Der weißen Strudel und blitzend
Aufheben den Wurfspieß.

Dort an der Meerenge, wo
Um die blendende Mittagsstunde
Messina geisterklar
Im Wasser steht.

Wo am Abend die Insel versinkt
In veilchenfarbene Wolken.
Die Hügel, die Täler und
Der heilige Aetna.

Jahreszeiten im Breisgau

I

April der Kinderzeit gewitterschwüler
Geruch des steigenden Saftes. Schluchzender Kuckuck.
Die Irren weinen in dem Haus am Wege
O schweigender Wald überm See.

Schöne Kinder hat die Braut geboren
Alle sind sie ihr genommen worden
Totgesagt und heimlich fortgetragen
Schachteln, Schächtelchen voll toter Kinder
O schweigender Wald überm See.

Meinen Liebsten werd ich nicht begraben
Unter drei Schaufeln Sand und Hyazinthen
Der Tod ist ein Brief, fällt klappernd in den Kasten
Man muß ihn rollen und hinunterwürgen
O schweigender Wald überm See.

Dem Wächter zahl ich Wein, Blut meines Lebens
Daß er mich einläßt in die tiefe Barke
Die im Museum steht, im Hinterzimmer.
O letztes Bild gespiegelt im zitternden Wasser
Schweigender Wald überm See.

II

Bienenwolke um den Turm der Linden
Seh ich dich, goldene, stehen und höre die Regenstrahler
Mit hellem Geknatter über die Äcker schleudern
Siebenfarbenen Staub. Seh ich das Heu

Auffliegen ins junge Nußlaub und die Kühe
Am Brunnen trinken, weiß ich, keiner hält
Den Schwung des Rades. Stürme werden gehen
Herbstliche wieder. Panzerräder rollen
Über den blinden Kies. Es wird der tote
Soldat aufs neue in der stillen Christnacht
Im Schnee des Hofes liegen. Keiner kennt ihn.

O ihr unendlichen Jahre. Ein Abend kommt
Mit dem Grün des Meeres, dem Flaum der
    Flamingobrüste
Die Kinder spielen, haben weiße Haare
Silberner Aussatz säumt die Junirose
Die Linde blüht wie je und je.

III
Zeit ist zu gehen in das Haus des Freundes
Und vom beinweißen Nußfleisch zu essen.
Der See des Himmels steht aufrecht im Fenster.
Der Erde keiner hat so schöne Boote
Gezackte goldene, die westwärts ziehen.

Wollust der frühen Nacht, sich zurechtzulegen dem
    Schlafe
Dem Sturz vom Turm, der donnernden Verfolgung
Der schwarzen Pferdehufe. Und zu wissen
Hofüber noch der alte Hahnenschrei –

Wenn die Blätter fallen, steigen die nutzlosen Drachen
Rauschend gen Himmel und zucken in Fäusten der
    Knaben.
Ihr Schatten läuft gespenstisch übers Feld.

Sonne, die nichts mehr reift, Oktobersonne
Löwe, nebelzerfetzender, herrlich
Aufspringend gen Mittag.

IV

Die goldene Nuß ist taub. O wie voll Ahnung
Wir uns Geschenke geben, Lösegeld
Und gehen mit Bäumen voll Kerzen und übersingen
Das Angstgeraun, die Totenzimmerwolke
Die aufsteigt aus dem Laub vergangner Tage
Das raschelt unterm Fuß. Und wann gelebt?

Sackgasse des Jahres, wenn die magischen Nächte zwölf
Uns überwerfen mit Schatten der Endzeit riesig.
Wenn, die wir nicht bewahrt, die weißen Tauben
Des Vaters gurren wild im Traumgeäst
Zieht wohl ein Hauch von Sommer, Rosenblüte
Fremd und geheimnisvoll vorbei.

Die Lieblosen werden zu Paaren getrieben.
Du dem ich am meisten schuldig geblieben
Bittest mich frei.

Bräutigam Froschkönig

Wie häßlich ist
Dein Bräutigam
Jungfrau Leben

Eine Rüsselmaske sein Antlitz
Eine Patronentasche sein Gürtel
Ein Flammenwerfer
Seine Hand

Dein Bräutigam Froschkönig
Fährt mit Dir
(Ein Rad fliegt hierhin, eins dorthin)
Über die Häuser der Toten

Zwischen zwei
Weltuntergängen
Preßt er sich
In Deinen Schoß

Im Dunkeln nur
Ertastest Du
Sein feuchtes Haar

Im Morgengrauen
Nur im
Morgengrauen
Nur im

Erblickst Du seine
Traurigen
Schönen
Augen.

Weisse Wurzel

Weiße Wurzel Ygdrasill
Geflecht umklammernd Lavaströme
Dunkeln tiefen kalten Stein.

Gegenwart beständige
Des Grashalms auf der Wanderdüne
Des Feigenbaums beschattend grellgelbe Mauer.

Unhörbares Wachsen Tag und Nacht
Aufbrechen Samenverschütten
Hinmodern im Feuchten

Lautlos mitlebende
Unbegangene
Wälder voll Blumen.
Wolke von Thymianduft
Am gewittrigen Juniabend
Über die Straße geweht.

Schöner gleichgültiger Stamm
Panthergeflecke Platane
Sämlinge zitterndes Zweiblatt
Unter dem stahlblauen Glas.

Mein überlebendes Ich
Aufblühend tausendgestaltig
Ausdauernd im Wind der Sahara
Im reißenden Bergwasser schweigend

Lang übersehene Heimat Haselgebüsch
Wartend geduldig
Auf den Schritt der fernher
Schritt am Abend
Deinen
Meinen
Schritt.

Vorstadt

Nur noch zwei Bäume
Sind übrig vom
Hain der Egeria
Nur noch zwei Lämmer
Von der großen Herde
Ein schwarzes
Ein weißes
Niemand
Sieht mehr am Abend
Die Zinnen der Mauer
Rötlich.
Vielstöckige Häuser
Kommen gelaufen
Stadther
Weiße mit blitzenden
Fenstern
Verschütten
Knaben auf
Knatternden
Zweirädern
Zahllose
Knaben
Ziehen ihre
Kreise aufrecht streng
Zügeln die schwarzen
Zypressen die
Mückenteiche

Hohlwege voll von
Blühendem Ginster.

Am Hafen

Hut ab vor dem letzten Passagier
Diesem Kasten voll etwas, auf Schultern herausgetragen
Über den Laufsteg. Mit ein wenig Abstand
Während der Abend nicht mehr blauer wird.

Hut ab vor dem rundherum Unbekannten
Ohne Namen, ohne Alter, ohne Geschlecht.
Der heimlichen Bürde des Gepäckraums
Dem Klotz von Schweigen.

Aufgeht die schwarze Majestät
In einer Wolke Muschelgeruch
Fährt über uns hinweg und lehnt sich drüben
Am Rand der Hügel, Nacht zu Nacht.

Piazza Vittorio

Katzen am Grashang
Neben der magischen Pforte
Spielen mit Fischköpfen
Grünlichen Gräten.

Zwischen Kohlrippen, bleichem Gedärm
Leuchtet der Hahnenkamm
Gefleckt von Orangenschalen
Versickert der Blutbach.

Der Hauch des Mittags hält
Die fahrbaren Spielzeuge an
Und die Klöppel der Glocken.

Die Riesin Roma schläft
Zurückgewendet das Haupt
In die wilde Campagna.

Genazzano

Genazzano am Abend
Winterlich
Gläsernes Klappern
Der Eselshufe
Steilauf die Bergstadt.
Hier stand ich am Brunnen
Hier wusch ich mein Brauthemd
Hier wusch ich mein Totenhemd.
Mein Gesicht lag weiß
Im schwarzen Wasser
Im wehenden Laub der Platanen.
Meine Hände waren
Zwei Klumpen Eis
Fünf Zapfen an jeder
Die klirrten.

Spitalshof

Zwei Rohrstiefelmänner
Hinab ins Kanalloch
Kommen nicht wieder

Zwei Rosenkranznonnen
Treppauf zur Kapelle
Kommen nicht wieder

Zwei Totentonnen
Hofüber ins Schauhaus
Kommen nicht wieder

Zwei Raubvögel ziehend
Sich suchend sich fliehend
Wieder und wieder.

Niemand

Wer nirgends ist, ist niemand. Ich
Auf dem soundsovielten Breitengrad
Aber umgeben von nichts als Wasser und Luft
Bin nicht mehr ich.
Mein starkes Schiff Provence
Ist wie jedes ein fliegender Holländer.
Kommt nur in Booten. Klettert über die Bordwand.
Da trinken Herr Niemand Frau Niemand
Da schlafen Herr Niemand Frau Niemand
Kind Niemand sitzt auf dem Holzpferd
Ich Niemand schreib in den Wind.

Über den Bettrand gebeugt

Über den Bettrand gebeugt
Seh ich die Bugwelle schäumen
Milchweiß und veilchenblau
Drüben von Wand zu Wand
Die kleinen fliegenden Fische
Im wolkigen Spiegelglas
Die schwarze Flosse des Hais
Meinen Tod wie er auftaucht
Verschwindet –

Geheim

Auf dem schwarzen Brett eine Nachricht
In der Kammer die Morsezeichen
Ein Flaggenwinken vorüber
Am Himmel eine rasende Spur
O ihr Geheimnisse nur
Daß die Tage vergehen nur
Dieses leise unheimliche Rauschen
Auf dem seelenlosen Azur.

Bertioga

Am Himmel wird zu Mittag
Eine Stimmgabel angeschlagen.
Ein Ton wie Erz.
Da springen die Fische zu Mittag
Spazieren auf ihren Flossen
Über die glühende Lände.
Da kommt ein Mann aus dem Wald
Mit Augen wie Scheibenräder
Setzt sich ans Ufer und weint.
Da steckt der schöne Osterbaum
Seine Krone in den Sand
Seine Wurzeln gegen den Himmel.
Da dreht sich auf der Lagune
Im Kreise die gelbe Fähre
Meint, daß sie die Sonne wäre
Ein Ton wie Erz –

Hafen

Rette dich, mein Hündchen
Ja, du mit den drei Beinen
Trink nicht aus der Pfütze
Der Kran kommt auf Schienen
Mit seinen Greifarmen hebt er die Brücke weg.
Zwischen Bordwand und Quaimauer wächst die Luft
Im öligen Wasser tanzen drei rote Orangen.

Drei Passagiere sind zurückgeblieben.
Einer war blind, fand den Weg nicht.
Einer war taub, hörte die Pfiffe nicht.
Einer war tot.
Auf ihn hab ich gewartet.

Unterwegs

Einer stellt in den Glasschrank
Sieben Fußballpokale
Einer hängt an die Wand
Jesus Maria
Flammende Herzen in der offenen Brust
Einer ordnet im Ständer
Zerschlissene seidene Fahnen.
Einer malt sich ein Bild
Mit Ölfarben, Flamboyant.
Einer reitet auf einem messingbeschlagenen Sattel
Einem rostroten Widderfell
Sein Pferd geht im Paßgang.
Einer sitzt in der Schießbude
Hält zwei Kinder auf dem Schoß.
Warten Sie nur, meine Herren, gleich
Bekommen Sie Ihre Gewehre.
O das fremde Leben gestreift
Wie die Blüte Hibiscus
Mit der Spitze des Fingers.

Sank der Staub

Theodor Adorno zum 60. Geburtstag

Wir haben einen tranigen Fisch gegessen
Ein wässriges Gemüse
Einen stinkenden Käse.
Wir haben uns ernährt
Vom Hufschlag der Herde im Hohlweg
Vom Aufprall der Brandung an den unendlichen
 Stränden
Von den Tritten der weißen Reiher am Straßenrand
Von der roten Blüte Hibiscus.
Die Farbe der Lagunen war Rauch und Feuer
Die Mondsichel Z bedeutete Untergang
Sank der Staub, erschienen die Sterne.

Torres

Friedhof und der jüngste Tag vorbei.
Grabsteine umgestürzt
Platten gewälzt auf die Würmerseite.
Wer hat die Skelette gerufen
Über die Dünen wohin der beinerne Zug?
Setzen wir uns auf den Malstein
Reden wir einerlei von was
Eine lebendige Stimme mit einer lebendigen Stimme
Ein Licht zu einem Licht.
Die Schwarznacht kommt hurtig
Ohne Übergang.
Im Gras sind Schlangen.

Schlafemein

Einschlafen Sturz vom Dach
Das Leben vorübergerissen
Mit Weißdorngärten
Kinderspitzenkragen
Dumdumgeschossen
Feldherren auf Feldherrnhügeln
Mit Wandervogelfeuern
Blauen gemalten Pferden
Dröhnen von Stechstiefelschritten
Annäherung
An Inseln des Dodekanes
Teilweise bei Mondschein
Wölfe Wölfe und ich
Ein kleiner grauer Soldat
Waffenlos treibend im Rinnstein
Ausgelöscht
Vom alten Lehrerschwamm
Bett Bettruhe Liebesbett
Schlafemein
Duweitweg
Ein.

Gerontologie

I

Sonnenblumensamen werden schwarz
Sonnenblumenstengel verkrümmen sich
Den Fischen wächst Grünes auf ihren rotgoldenen
    Schuppen
Der Baum verkröpft.
Der Büffel verläßt die Herde
Der Hund wird irre, fällt seinen Herrn an.
Der Mensch neigt das Haupt auf die Brust
Trinkt vom Gift seiner Tränen.

II

Kleiner werden im Alter
Zwergenklein
Leichter werden im Alter
Spinnwebleicht
Keine Kraft mehr zu halten was fällt
Keine sich anzuklammern
Grillenstimme die zirpt
Hinter der Säulentrommel
Aber das Glotzauge groß
Eine furchtbare Tiefe.

III

Die am meisten, so heißt es
Vertrauten
Aus welchen Gründen auch immer
Oder aus gar keinem Grunde
Diese

Werden am tiefsten gebeugt
Kurz vor dem Ende.
Die Arme mit denen sie spielend die Erdkugel stützten
Werden ihnen gebrochen
Welch ein Gewicht erdrückt sie.

Die Sonne wird ihnen gestohlen
Und in einen Sack gesteckt
Die Bäume zu ihren Häupten
Haben niemals Blätter getragen
Der Wind weht aus Asien
Ach ihr Winter in Wien.

Keiner mehr da, an den sie sich wenden können
Alle Seiten im Adreßbuch leere Seiten
In den Beichtstühlen Schemen.

Am schnellsten verschwindet was
Sie den Sinn ihres Lebens nannten
Oder den Sinn alles Lebens.
Dieser wird ausgeblasen. Ein Nichts
Eine kleine Zugluft
Zwischen Tür und Angel
Genügt.

Auch das Kreuz, auf das sie zuletzt
Ihre Arme heben wollten
Und rufen, Herr, ist es möglich
Und sich ergeben
Auch dieses Holz
Kommt auf den Hackklotz

Und das alles dauert so lange er
Der besonders geliebte Sohn
Der die Vernunft kannte
Und den höher als alle Vernunft
Ebenfalls kannte
Der gerne leben und gerne sterben wollte,
So lange er noch atmet
Genau
So
Lang.

Demut

Mir aufgelauert entdeckt
Die Blüten Falschgeld
Die ich unter die Leute bringe
Und die falschen Papiere
Mit denen ich reise
Und das falsche Zeugnis
Das ich ablege ehe
Der Morgen kräht
Und das falsche Spiel
Das ich treibe
Mit wem
Mit mir

Rotwelsch entziffert
Letzthin
Im Jahr der ruhigen Sonne
Blutsenkung erhöht
Und gewußt
Es ist Zeit für Demut.

Nicht gesagt

Nicht gesagt
Was von der Sonne zu sagen gewesen wäre
Und vom Blitz nicht das einzig richtige
Geschweige denn von der Liebe.

Versuche. Gesuche. Mißlungen
Ungenaue Beschreibung

Weggelassen das Morgenrot
Nicht gesprochen vom Sämann
Und nur am Rande vermerkt
Den Hahnenfuß und das Veilchen.

Euch nicht den Rücken gestärkt
Mit ewiger Seligkeit
Den Verfall nicht geleugnet
Und nicht die Verzweiflung

Den Teufel nicht an die Wand
Weil ich nicht an ihn glaube
Gott nicht gelobt
Aber wer bin ich daß

Die Länder die Meere

Noch einmal ins Auge gefaßt
Alles in mich hinab
Unter die Schattenlinie
Gesunkene gestern vorgestern vor
Schlafende Griechin
Salzüberkrusteter Stein.

Keine Trennschärfe mehr.
Gleich neben Aarhus liegt Kairouan
Die riesigen Möwen auf den Minen von Letzte Platane
Heute sah ich sie wieder
Sie mischten sich
Unter die fetten Tauben vom Odeonsplatz
Fraßen hausbackene Körner.

Seit einigen Tagen Jahren hinke ich
Das macht
Mein einer Fuß ist aus Marmor
Akanthusblatt überwächst ihn
Der andere geht und geht.
Auf den Schultern trag ich
Das leichte gerettete
Vorsichtig.
Seht weg.

Spiralen

Wir schreiben auf die Kuhhaut
Mehr als auf die Kuhhaut geht
Wer soll es lesen?
Fünf Dollar für den der noch unsere Sprache versteht
Für das Anhören eines Gedichts.
Der Regen hört zu
Das gleichgültige Abendrot
Das genügt uns nicht.
Dem Hund sträubt sich das Fell
Er zittert bellt an der Furt
Das genügt uns nicht.
Der Träumer stürzt vom Dach
Er ging Spiralen
Ein Ammonshorn als Grabstein
Das genügt.

Schluss

Dein Gedicht
Schlag es dir in den Hals
Bring dich zum Schweigen

Wenn du redest geht dir nicht ein
Was die andern zu sagen haben

Das Ohneich
Das Ohnedu
Das Ohnewann
Das Ohnewo

Die Maschine
In der man es manchmal
Knirschen hört

Schluchzen nicht mehr.
Nur die Handvoll Mensch im Getriebe.

Schweig.

Feiertags
Kommt das Vergessene
Auf Hahnenfüßen mit Sporen
Die ritzen mir ins Parkett
Ein Schnittmuster, so
Wird uns zugeschnitten
Das Nesselhemd
Wenn die Wand
Rosentapete sich auftut
Und ausstößt die Bettlade voll
Von gemergelten Judenköpfen
Wenn durch den versiegelten schön
Glänzenden Estrich hinausdrängt
Nichts. Nur ein Rauch
Stinkender. So
Werden wir eingekleidet
In das was uns zukommt
Wenn die Kinder aufstehen fragen
Wie konntet ihr nur
In Rauch und Nesseln
Besonders am Feiertag.

*

Ich hätte ehe ich gehe
Noch einige Fragen.
Warum hat die Großmutter Schlangenköchin
Das Fischlein gekocht?

Warum haben die Jünger am Ölberg sich schlafend
gestellt?
Warum ist seit Auschwitz nichts wesentlich besser
geworden?

Vom Übel sein.
Wir sinds.
Wir sind vom Übel.

*

Meergrüner Wind in den Lärchen
Chaotische Harmonie
Am Rand der Schonung aller Unsichtbaren
Die sich zujauchzen zutrillern schluchzen
Während das Licht dir von den Fingern schmilzt
Die Torkelschnepfe schon einfällt.
Dann stufenweis dunkler
Änderung in der Tonart
Sehnsüchtiger leiser.
Abendtau Füße im Naßgras
Holzfällerfeuer gelöscht.
Letzter noch einziger Liebesruf unentwegter
Und Antwort waldinnen vom Kauz.
Stern erster Venus. Dies All

All dies und die Insel Zypern.

Jenseits

Wie sie aussehen werden die Engel
Vielleicht wie Krähen?

Wie sie uns drüben empfangen
Wenn
Sie uns empfangen?

Ob es das gibt
Ein Du.
Ob wir eine Stimme bekommen glockenrein.
Es heißt doch, es würde gesungen.
Oder die Hölle ist:
Der Gesang der Sphären
Zu laut.

Ein Kontrollpunkt vielleicht
Mit den Wegweisern der alten Hekate.
Aber wer kann das noch denken
Aus – denken
Verdammt.

Auf keinen Fall werden dort sein
Ausschließlich Bischöfe
Den Krummstab in der Hand
Polonäse
Durch die Abstellräume des Himmels.

Vielleicht hat jeder
Seine eigene Seligkeit
Eine alte von diesseits
Wir sprechens nicht aus.

Vielleicht auch umarmen sich Knochengerüste
Röntgenhände spielen mit Röntgenhänden
(Man sieht noch die Ringe).
Wo blüht das Fleisch und seine Auferstehung
Wo blüht das auferstandene Fleisch?

Von Geisterschlacht hörte ich reden
Und Flug der Seelen rundum
Unaufhörlich rundum.

Ich frage mich
Was heißt Ihm Sommerabend.
Seine Gedanken sind nicht unsere Gedanken.
Blind blindlings Blindekuh
Und Kopf im Sack.

Weiter gefragt
Weil Fragen nichts kostet
Nach Deinen da oben
Da unten
Gültigen Losungsworten
Nach Deinen Feuerzeichen Totenspielen
Nach Deinen auf den Mauern wehenden Sträuchern
Fremdgoldenes Zion
Nach Deinen fegfeurigen Wartehallen
Vertrautes Staubland

Nach dem der am Hafen steht
Wenn wir kommen wächsern im Einbaum
Leichenstarrer Geleitzug
Unter der Zunge die fromme Münze
In die Hände gefaltet
Das wir nicht heilig hielten
Das
Weiter gefragt
Weil Fragen nichts kostet
Kostet doch
Kostet viel.

*

Ich versuche bemühe mich
Um Nichthaus und Nichtland
Um Nichtwort im Nichtwind
Absterben langsam
Der Ranke Erinnerung
Die noch suchte und klopfte
Verdorrt auf den Lippen
Das Fädchen Blut

Sollten wir doch gerichtet werden
Hinaufgerissen
Hinabgestoßen
Sollten da doch die Fürbitter stehen
Großmäulig
Unsere toten Geliebten

Ausgeregnet die Flamme
Der Siebenkranz nicht mehr zitternd
Tasten nach einer da ist keine Wand

Hinlegen die Glieder da ist nicht worauf
Da ist keine Sitzordnung
Niemand wird ausgespieen
Niemand zur Rechten

Eintöniger Fall über Fall
Vergessene Wiederkehr
Zuversicht letzte,
Aus uns wird das Schweigen gemacht.
Bedenket die Gnade:
Das Schweigen.

Stammbaum

Noch eine Hand verdorrt
Noch ein Mund geschlossen.
Mal dir nicht aus, was unter der Erde ist
Deines Vater Schädel
Den Fingerring
Ringfinger lang schon gelöst
Vom zierlichen Gerüst
Wir kannten sie nicht, unsere Mutter.
Keiner kennt keinen
Auch Blut, das dickere
Gibt sich nicht her zum Vehikel
Von Herzkern zu Herzkern.
Nur daß wir wissen
Auch dies eine kleine Welt
Auch diese Stückwerk.
Wer fortging, beweint und vergessen
Indes
Fließt der Brunnen noch weiter
Und sternförmig dann und wann
Legen wir uns ins Gras
Ins schattenblättrige unter die Goldparmäne
Und gedenken der Toten
Nicht weit vom Stamm.

*

Stimmen verschiedenen Klanges
Wenn der Kies sich aufrichtet knirschend hinter den
    Schritten

Wenn der Westwind die Waldflanke peitscht.
Sangue e maninchonia
War da nicht einer
Dem die Schwalbe gegen die Brust flog
Und hinstürzte tot
Und er wußte, sein Sohn?
Und war da nicht einer
Dem der Rappe zwischen den Schenkeln
Umstand, ein Gebirge von Pferd
Und er wußte, er selbst?
Ach die Wünsche im Testament, die unerfüllten
Und die Tropfsteintränen der Ohnmacht.
Ihr Goldspinnerinnen aus Stroh
Drei Schwestern doch wenn der Abend kommt
Und das Mondstrahlgitter
Ists wieder Stroh
Raschelt sibyllenhaft
Zahnlos wie roggenes Kornfeld
Raschelt: verloren erlöst.

*

Ihr und nur Ihr
Und nicht auf die Springer und Tänzer
Nicht auch du, Jubal?
Nicht auch die Spaßmacher, die mutig immer von neuem
Ihre winzigen Geigen bespannten
Die hellsichtigen kleinen Teresen
Der arme Spielmann?
Von welcher Familie spreche ich
Von welchen Verwandten?
Abgewandert längst
Aus dem papierenen Halbkreis

Von den Grabhöfen Friedsteinen namensgleich.
Auf den Wällen von Lucca zu gehen
Auf den Wällen von Soest.
Ein Kleid sich anzupassen
Aus dem Wolkenflug der Maremmen
Mit Brandungssäumen
Einem Gürtel Okeanos.
Zuhause überall wo Wasser rinnt
Unter der Herbstblätterdecke.
Verschwistert den Einsamen
Den Liebenden
Den einsam Liebenden. Dir
Augestoßener Adam.
Grundton noch immer der alte
Mit dem der Vorhang im Tempel zerriß
Darüber einige Läufe leichtfüßig zart.
Präludien Hoffnung.

Römischer Sommer

Mein Leib eine bleierne Kuppel
Drauf der Glutregen prasselt
Ockerfarbener Schweiß
Mir unter den Augenbögen
In der Dämmerung schwellend
Meine Adern Porphyr.

Eßsäle schöne im Freien
Umstellt von Palastwänden
Gegürtet von Oleander.
Auffliegen die Stimmen ins Nachtblau
Eh das Gewitter kommt
Und Weißwasser vom Himmel.
Eh von verlassenen Tellern
Tafeln die Katzen.

Die Greifen nachts unterwegs
Trinken aus Springbrunnenschalen
Unruhiges Wasser
Geht nicht
Nicht in die Nähe des Obelisken
Er stürzt
Sprünge durchlaufen ihn
Risse hieroglyphisch
Seine Zeit ist gekommen.

Schlaf nur am Mittag und Friede
Im Schoß der Lavendelruinen
Unter schwärzlichen Kronen der Eichen
Wo die gelbe Muttermilch tropft
Aus den Büschen am Wegrand.
Wenn von der Parade zurück
Auf der hufeklappernden Via Trionfale
Hinter geschüttelten Schultern der Reiter
Schweißnassen Kruppen
Langsam Tank hinter Tank
Hinkriecht die verrostete Streitmacht.
Wenn im Schatten der Jalousien
Auf den Leib gezeichnet ein Sträflingskleid
Schläft der Mensch, das gepeinigte Tier
Stöhnend, mundoffen.

*

Wer schon enthoben sich glaubte anderswo
Einen Luftgeist, hier wird er angepflockt
Sein Langhaar an Säule und Ölbaum.
Am Abhang tyrrhenischem
Wird ihm ein Haus gebaut
Eine Wurzel gesenkt in die Schwarzerde
Pfahlwurzel. Pfahl
Hinab zum etruskischen Brunnen.
Von Schwalben beflogen das alte Büffelland
Streckt ihm entgegen sein Reblaub
Und die schilfbestandenen Weiher.
Vom Grund seiner Netzhaut
Fettgewordenem Boden wachsen ihm auf
Gärten voll Rosen und Lorbeer.
Schon bevölkert der Marmortisch

Sich mit Kinderhänden. Und patriarchalisch
Hockend und winkend er selbst
Vom Gestänge des Rohbaus
Meerüber zu locken seine Gewitterherde
Und herab auf sein Feld Artischocken
Rosigen Regen.

Mir in den Sinn

Mir in den Sinn des Flüßchens
Schaumhügel weiße spitze
Hintreibend unter der Brücke
Eine Puppe begraben bei Mondschein
Fischgrätenmuster im Sand
Kerbtiere kerbend im Kerbholz
Klagendes Englischhorn
Und wie viele geboren auch du
Unterm Capricorn.

In den Sinn mir mein Rumpf unter Wasser
Aussätzig von Muscheln und Tang
Meine Buhnen aus Weiden geflochten
See Ost See Ost See Sand
Und wer meine Haare spaltet unablässig
Und wie wir die Hand uns geben
Unter der Hand.

In den Sinn mir die harten Skelette
Gekauert ins Hockergrab
Die nächtlichen Abwehrfeuer
Mondpfützen blinkend wie Blei
Münze Kopf oder Schrift
Mein Kaiser Konstantin
Arethusa komm spiel mit mir
Das Zitterwackelspiel
Leise, ohne Erschüttrung –
Unsereins – unserzwei.

Römischer Nachtblick.
Braunblaues Gemäuer
Angestrahltes Gebälk
Und die Zeder
Schiefwipflig
Gegen den helleren Himmel.
Bilder, nie mehr verlierbare. So
Trieb auf der Donau der Kranz
Septemberblumen
Zum Gedächtnis der Selbstmörder
Flammend gegen das Offene. So
Fielen die Tropfen mondtriefend
Vom Ruderblatt
Als wir heimkehrten hafenwärts
Und erspähten tief unten
Im schwarzklaren Wasser
Die Märkte der Toten.

Vögel

Ein Paar Vögel noch immer
Aber wie ungleich jetzt
Einer gierig aufpickend
Den kleinen Lebensrest
Im warmen Laub
Der andere entflogen
Sein klarer Schatten
Gleitet übers Schneefeld
Zieht Kreise drei
Jeder ein wenig blasser
Kein Schrei aus den Wolken
Keine Feder herab.

Elmsfeuer

Aber der Glanz
Dieser noch dann und wann
Auf den staubgewordenen Dingen
(Die ihre Form noch halten
Doch ein Finger
Genügte wohl
Es sänke mir die Hauswand
Ins Petersilienbeet)
Wäre der Glanz nicht der Glanz
Diese karibische Ferne
Auf dem schwarzen Basalt
Wäre das Feuer nicht
Elmsfeuer zuckend
Über den Straßenbahnbügeln
Wäre der Ton nicht der Ton
Einer Stimmgabel aufgesetzt
Dem grauen Asphaltweg
Und klingt.

Die Gärten

Die Gärten untergepflügt
Die Wälder zermahlen
Auf dem Nacktfels die Hütte gebaut
Umzäunt mit geschütteten Steinen
Eine Cactusfeige gesetzt
Einen Brunnen gegraben
Mich selbst
Ans Drehkreuz gespannt
Da geh ich geh ich rundum
Schöpfe mein brackiges Lebenswasser
Schreie den Eselsschrei
Hinauf zu den Sternen.

Standort

Wo – ziemlich nah vom Altar
Aber stumm, ein verstockter Beter
Wo – auf den Brücken mittbrücks
Ins kaltwellige Wasser starrend
Wo – auf den Märkten wie je
Die Hand ausgestreckt
Nach der Granatapfelfrucht
Der gekörnten Melone
Einen Grashalm pflück ich
Übe den Kinderpfiff
Einige Vögel des Himmels
Kommen begleiten mich
Vor die Stadt
Auf den lehmigen Acker.

Erste Hilfe

Wo immer du
Du warst nicht unerreichbar
Meine Gierhand riß dich zurück
Aus dem schmutzigen Meersaum
Im Rundnetz
Über den Strand zu den Felsen
Zog ich dich Riese.
Wie schienst du mir unzerstört
Ich wärmte deinen Leib mit meinem Leibe
Meinen Atem stieß ich dir in den Mund
Nur daß deine Augen unter dem roten Garn
Die schon erstarrten hart wie Kieselsteine
Nichts spiegelten
Nicht den Himmel
Noch meine zornigen Tränen.

Charon

Lachtaube
Lachtaubenwald
Maiglöckchen
Aaronstab
Einäugiger Fährmann

Kinder
Langhaarige drei
Über den Jungfernsee
Hinüber
Herüber

Feine Skelette
Drei
Maiglöckchen
Aaronstab
Hinüber
Nicht wieder
Herüber.

Verlorene Zeit

Eine Kerze herabbrennen sehen
Bis sie von selber auslöscht
Bis im teigigen Wachsfluß
Ihr Dorn erstarrt

Eine Rose einschrumpfen sehen
Braunblättrige beperlt
Vom kalten Schweiß November
Und die junge Krebskranke die
Eben noch blühte
Und hängt jetzt ein Vogelskelett
In den Armen der Nonne

Schwarzer Kalender
O wieviel Zeit vertan
Frühlinge übergangen
Knospen geringgeschätzt

Wieviel kostbare Zeit vertan
An den Strohkönig Tod.

Mein Land

Ich habe mein Land abgesteckt
Mit gefrorenen Fischen
Und mit raschelndem Maiskolbenlaub
Meinen Weg ins Freie
Eisfarren zieh ich mir auf
An meiner Fensterscheibe
Für meine Besucher
Hauch ich ein kreisrundes Loch
Sie sehen meine Augen
Meine vergeblich
Winkenden Wimpern
Um Mitternacht fegt durch den Mais
Der Slalom der Geister.

Stadtaus

Vogelschwärme stadtaus
Bei der Tankstelle
Tausende heuschreckenkleine
Vögel hinüber herüber
In die Büsche einfallend
Und wieder
Das Gezerre unter dem Himmel

Die geringelten Jünglinge
Lassen die Putzlappen fallen
Legen den Kopf ins Genick

– Wüßten wir wüßten wir nur
Den Namen wir riefen den Namen

Aber Zugvögelzeit ist vorüber
Und Zeit der Namen vorüber

Was jetzt noch Flügel hat
Hackt uns die Augen aus
Der Bruder wie hieß er
Der Vögel ist tot.

Wirtshausnacht

Weißherbst
Auf der Zunge
Weißherbst
Verschüttet
Mondblinke Lache
Darin
Mein Fingerglied
Abgelöst treibt
Hin her
In der einsamen Wirtshausnacht.

Treffpunkte

Wir auf den tönernen römischen Dächern
Nebeneinander mit angezogenen Knien
Oder langbeinig wie Mondstrahl von Kuppel zu
    Kuppel

Oder am Morgenlandstrand wollige Palmenfrüchte
Mir zugeworfen dir zugeworfen gefangen
Durch die Jahrhunderte oder

Hier auf dem Nacktstamm
Lufthände ausgestreckt
Königskerzen zu zählen
Rosige Harzflußtränen
Uns abzählen auszählen lautlos

Aus dem Licht
Aus dem Wald
Aus der Zeit.

Du kommst
für Iris

Feuerzeugflamme schöne
Die ich aufspringen lasse
Für dich in der blauen
Frühmorgendämmerung
Meines Winterzimmers
Du kommst

Von der Muschelhecke aus Lorbeer
Mit Fischköpfen gelben Zitronen
Am Hafen von Fiumicino
Aufsteigst du steil
Nahst über Meersaum und Schneefeld
Pfeilgerade

Meinen Atem halte ich an
Mit den Händen bedecke ich das unsichere Wasser
Die schartigen Halden

Halte den Atem an

Bis auf der Tafel zu Häupten der Wartenden
Aufleuchtet die Kleinschrift
Gelandet du bist mir gelandet.

Flieder

Vor einem Menschenalter
Diese bescheidenen Dörfer
Bei jedem roten Haus
Ein Fliederbusch

Jetzt bestehen die Dörfer aus Flieder
Man sieht sie von weitem
Riesig tiefviolette
Gewitterwolken am Himmel

Auf dem Grunde der Büsche vielleicht
Ein paar Ziegel
Ein Häufchen Gebein
Auf der Zunge
Der Name: Masuren.

Begegnung

Den Fluß entlang
Und mir entgegen wer
An welchem Fluß
Auf teergefleckten Sänden
Durch mich hindurch
Ein Brustbein durch mein Brustbein
Geschlecht durch mein Geschlecht
Steinschweres du
In mich getreten
Einen Pulsschlag lang
Dann hinterm Rücken mir
Ein Schritt.

Das Auge

Astauge im welligen Holz
Urauge blicklos
Meine Braue leg ich daran
Was seh ich
Vergangenes etwa
Wildwasser stürzen
Durch ungezügelte Wälder
Farren langhalsige Echsen
Gletscherzungen
Kein Haus?
Oder Zukünftiges
Farren langhalsige Echsen
Wildwasser stürzend
Durch ungezügelte Wälder
Gletscherzungen
Kein Haus?

Spital

In den Nächten stellt sich mein Zimmer
Mit Bäumen voll
Wandert die breiten Korridore entlang
Schludrige Zweige
Streifen mir übers Gesicht
In meinem Mund entblättern sich faulende Rosen
Ich lieg auf ein Brett gebunden
Schwimm auf das Fenster zu
Dem Mond entgegen
Riesigem Februarmond
Pünktlich
Um sieben Uhr dreißig
Der Preßlufthammer
Schlägt zu.

Müllabfuhr

Meine Gedichte
Ins Schmierheft gekritzelt
Verworfen zerhackt
Mit neuen Gliedmaßen ausgestattet
Blau angestrichen rot
Mit Flitter behangen
Der Flitter heruntergerissen
Kargwort neben Kargwort

Endlich das Ganze zerknüllt
Von der Hand in den Müll
Und fortgerollt mit Getöse
Am nächsten Morgen
Nur Worte noch zwei oder drei
Tanzen im Kielstaub
Leuchten auf in der Sonne.

Tritte des Herbstes

Du lieber Herbst
Das Laub
Noch heiß vom Sommer
Und leuchtet feurig
Dann im Wind
Die feinen
Knöchernen Tritte
Zweigauf
Zweigab.

Gleichzeitig

Über den Hof werden Särge getragen
Auf dem Hof radeln Kinder
Äste riesige brechen aus den Linden
Stürzen hinab in den Hof
Ein toter Soldat liegt auf dem Hof unterm Schnee
Brautpaare werden am Brunnen fotografiert
Trümmerschutt fällt auf den Hof
Ein Schimmelkopf zeigt sich im Fenster
Aus der Waschküche quellen Schwaden
Nackte Sohlen stampfen den Wein
Motorenlärm Geknatter von Traktoren
Alles gleichzeitig
Unter dem kupfernen Laub
Blühen Tulpen Narzissen
Und die Kinder auf ihren Rädern
Durchfahren die Toten leichthin.

Kein Zauberspruch

Einiges wäre
Entgegenzuhalten
Der jungen vom Sturm
Geköpften Schwarznuß
Und allen viel schrecklicheren
Gorgonenhäuptern

Kein Zauberspruch
Keine Geste
Worte einmal aufgeschrieben
Will ich meinem
Text einfügen

Etwa diese
Aus Aquino
Weil das Böse ist
Ist Gott.

Daten

Diese präzisen Geräte
Deine Daten und meine
Mechanisch gespeichert
Zukunft ausgerechnet
Von tickenden stummen
Maschinengehirnen

Und noch immer der Brunnen
Der Stein der nicht aufschlägt
Auf den wir horchen
Der
Nicht aufschlägt.

Ich vergesse so viel

Ich vergesse so viel
Das meiste
Nur einiges nicht

Nicht die englische Tänzerin
Mit den roten Schuhen
Nicht den brennenden Bergahorn
Vor der Eigernordwand

Auch nicht die Toten
Mit Kalk übergossen
Wie sie glänzten im Mondlicht

Zeit schöner Engel
Mit dem Kranz im Haar
Und der Pistole im Gürtel

Im Briefkasten liegt ein Zettel
Verlaß das Haus
Und ein anderer
Jesus war bei dir

Jesus wer soll das sein?
Ein Galiläer
Ein armer Mann
Aufsässig
Eine Großmacht
Und eine Ohnmacht

Immer
Heute noch.

1969

Im Weinberg Kanaan
Auf dem Apfelacker Eden
Im Jahre neunzehnhundertneunundsechzig
Aber vom Menschen zu reden
Wer macht ihm das böse Blut
Wo wächst sein Irrsinn
Aus welchem Abgrund quillt
Breitet sich aus sein Haß
Seine Lust am Totschlag?

Siebzig gezählte Tage Sonnenschein
Und der Wein vielleicht ein Jahrhundertwein
Aber er Kain
Zieht noch immer das Messer.

Neapel sehen und sterben

Kinder, Großmutter ist tot.
Sie war zuletzt ein kleines Gerippe
Das immer Hunger hatte
Vielleicht
Überhüpfen sie jetzt
Die ersten Flugzeuge auf dem Bornstedter Feld
Vielleicht wartet sie
Auf die blauen Dragoner
Aus ihrer Kindheit
Vielleicht wenn sie den Sarg zunageln
Erschrickt sie
Denkt, die Gestapo kommt.
Sie sagte oft
Neapel sehen und sterben
Und sah es nie
Und starb.

Ich früher

Ich früher kam euch bedrohlich
Packte euch an der Gurgel
Überschüttete euch
Mit Asche und Lava

Rief euch zurück ins Gedächtnis
Eure ewigen Niederlagen
Malte euch an die Wand
Die alte Schreckschrift
Welt unter

Nicht weiter
So
Nicht weiter
Auf Prosperos Insel

Meine Gedichte von morgen
Haben keine erkennbaren Worte mehr
Auch keine verschlüsselten
Nur

Regentropfen und Tränen
Sanft
Auf ein moosgrünes Wasser

Dong
Darong
Dong.

Jeder

Jeder muß einmal
Sein Vaterland besingen
Sein Nest beschmutzen
Auch ich
Die Heimat dieses kleine Stück Europa
Wo Mädchen Soldaten nicht mehr lieben
Wo Soldaten sich selbst nicht mehr lieben
Wie befremdlich

Was fällt mir ein wenn ich Deutschland sage?
Mein Weg zur Arbeit
Durch den Park von Weimar
Das grüne Herz
Flieder im Belvedere
Tiefurt stampfender Tanz
Der Bauhausschüler
Triadisches Ballett

Was noch fällt mir ein?
Die Tiefebene sommerlich
Und hinter den breiten Hügeln
Auftauchend Türme
Die Weichsel bei Hochwasser
Rasch hintreibende Dächer
Bäume entwurzelte
Auch der Niederrhein
Xanten der angetriebene Leichnam
Der große Himmel

Meine Heimat vor allem
Nußbäume Linden unterm Gewitterhimmel
Weinfässer zum Schwefeln vor die Häuser gestellt
Doppeladler im Wappen, Oleander

Was außerdem?
Hakenkreuzfahnen
Dröhnende Stiefelschritte
Geflüstertes Grauen
Züge entlang dem Lahnfluß voll
Nicht singender Soldaten
Judenzüge
Detonationen Christbäume sogenannte
Asche zu Asche

Dann alles wieder neu
Aus dem Boden gezogen
Hochhäuser Hochöfen Hochstädte Autobahnen
Ferien im Ausland. Alte Kameraden
Weihestimmung im Bachverein

Und doch mein Jahrhundert vorüber
Wird mit Stacheldrahtzäunen
Niemand mehr Geld verdienen
Diesseits und jenseits der Grenzen
Bedeuten Worte dasselbe
Vaterländer und die alten
Schuldgefühle haben ausgespielt.

Helmut Viebrock zu seinem
60. Geburtstag gewidmet

Das alte Thema

1.
Ab und zu
Du
Gott noch immer Unbekannter
Berührst uns
Wie der an die Decke
Der Sistina gemalte
Den eben erst
Erschaffenen Adam
Nur mit einem Finger
Da fliegen wir
Für diesen Augenblick
Dir im Konvoi
Da nährst Du uns
Von Kuppe zu Kuppe
Mit dem Mut Deines Anfangs
Wir aus demselben Stoff gemacht
Wie Du
Noch ohne Blutgeruch
Und Brandgeruch
Schöpfer Geschöpf
Wir flogen
Liebten uns
Uneingeschränkt
Zum ersten letzten Mal

2.
Der alte Brunnen
Noch lange nicht ausgeschöpft

Nicht oft genug
Angegangen
Auf Tagwegen Nachtwegen
Der Schindanger Golgatha
Nicht genug
Masken abgerissen und altem Flitter
Nicht genug
Gedankt

Gedankt wofür
Für Biafra und Indochina
Für die Gaskammern Folterkammern Todeszellen
Für den schäbigen Trost
Die winzige Verheißung
Dafür gedankt?

3.
Komm näher mir
Mein armer Bräutigam
Der nichts zustande gebracht hat
In zwei Jahrtausenden
Dem seine Wunden nicht fruchteten
Und die Dornenkrone nicht blühte . . .

4.
Du Bettler, Bruder, Bruder
Geh in mich ein
Streck deine Arme
In meinen Armen aus
Deine Finger
In meinen Fingern
Erfülle mich

Mit deiner Ungeduld
Die auch Geduld war
Überirdische
Wie man es nimmt

5.
Wie man Sie nimmt
Unmenschlicher Herr Jesus
Den wir nicht länger anreden
Mit dem vertraulichen Du
Auf jeden Fall haben die Forscher jetzt
Herausbekommen daß Ihr Kreuzestod
Eine Folterung ersten Ranges war
Und äußerst schmerzhaft.
(Von den Schächern spricht
In diesem Zusammenhang keiner)

6.
Wenn einer alt ist heißt es
Er kriecht zu Kreuze
Aber so ist es nicht
Das Kreuz geht übers Feld
In seinem Rücken
Schiebt sich ihm
Unter die Schultern
Die Nägel kommen geflogen
Nur
Nicht jeder der leidet ist heilig

7.
Noch ein neues Land
Aber ich fürchte mich

Was werde ich sehen
Die alten Hungerbäuche
Und hören die alten
Gehetzten Schritte
Die Schläge auf nacktes Fleisch

8.
Ein neues Land
O Reiselust und Furcht
Denn wer sagt, daß dort wirklich Frieden ist
Luft zu atmen
Und reine Strände
Swimming in lovely sea?
Die Kinderengel vielleicht
Tragen ihre alten Napalmgesichter
Das stand nicht im Prospekt

Oder doch

Oder doch?

Notwendigkeiten

Der Acker meiner Heimat
Der Apfelacker
Ist in Bewegung geraten
Schreit seinen Sägeschrei
Streckt seine Wurzeln gen Himmel
Löcher wie Granattrichter brechen auf
Grundwasser steigt
Spiegelt pathetische Wolken

Für jeden gerodeten Baum
Wird eine Prämie gezahlt
Wie früher für jeden gepflanzten
Wie viele Veränderungen
In einem Menschenalter
Uns vor Augen einmal die Wiese
Einmal das Weizenfeld
Dann die rosige Blüte
Und Äpfel makellos der Klasse A
Gepflückt, in Körbe gelegt

Keine Sentimentalität
Das sind Notwendigkeiten
Der EWG

Nur ich
Weil niemand mehr wissen wird
Schreibe auf

Golden Delicious, Klarapfel, Coxorange
Auch die Birne Vereinsdechant

Dazu noch das Vieh auf der Weide
Bei Herbstzeitlosen
Pilze in Hexenringen Schafdung
Einige gleichfalls verschwundene Schmetterlinge
Und das Kinderlied Maikäfer flieg

Denn das Brot meiner Heimat kommt
Aus der Brotfabrik
Und die Milch meiner Heimat kommt
Auf Lastwagen aus der Stadt
Die Männer meiner Heimat
Fahren zur Arbeit in die Stadt
Nur diese Alten
Philemon und Baucis
Bücken sich noch
Hacken die letzte Rübe aus
Graben sie ein
Hacken sie aus ...

Diese drei Tage

Diese drei Tage
Vom Tod bis zum Grabe
Wie frei werd ich sein
Hierhin und dorthin schweifen
Zu den alten Orten der Freude

Auch zu euch
Ja auch zu euch
Merkt auf
Wenn die Vorhänge wehn
Ohne Windstoß
Wenn der Verkehrslärm abstirbt
Mitten am Tage
Horcht

Mit einer Stimme die nicht meine ist
Nicht diese gewohnte
Buchstabiere ich euch
Ein neues Alphabet

In den spiegelnden Scheiben
Lasse ich euch erscheinen
Vexierbilder
Alte Rätsel
Wo ist der Kapitän?
Wo sind die Toten?
Dieser Frage
Hingen wir lange nach

Zur Beerdigung meiner
Wünsche ich mir das Tedeum
Tedeum laudamus
Den Freudengesang
Unpassender –
Passenderweise

Denn ein Totenbett
Ist ein Totenbett mehr nicht
Einen Freudensprung
Will ich tun am Ende
Hinab hinauf
Leicht wie der Geist der Rose

Behaltet im Ohr
Die Brandung
Irgendeine
Mediterrane
Die Felsenufer
Jauchzend und donnernd
Hinab
Hinauf.

Abschied von Rom

Wo man hinaufging
Unter Platanen
Die schräge Straße
Zur Villa Medici
Mit Wasserschleiern
Über Stirn und Wangen
Und Tropfen hergeschleudert
Judasbaum

Orte mir lange bekannte
Sterben ab
Während du auftauchst
Australisches Sydney
Mit den Betonsegeln schlohweißen
Deiner Hafenoper
Und weiter landeinwärts
Dem undurchdringlichen Busch

Die einen Meeressaum
Zur Heimat haben
Ungaretti Montale Quasimodo
Sind gut daran
Alles lesen sie auf
Vor der eigenen Tür
Und finden als Strandgut
Täglich die Ewigkeit

O meine Gedankenwege
Springböckig steppenüber
Flutend in Wellen
Nicht wie auf dem kalten Bildschirm
Vielmehr ich bin's
Mein Schweiß auf der Haut
Mein Brennen in der Kehle
Meine Dornen im Fuß.

Als James Ensor
Seinen Gekreuzigten malte
Und die Tafel zu seinen Häupten
Schrieb er auf die Tafel
Nicht INRI
Ensor.

Nachbemerkung

Diese Auswahl aus dem lyrischen Werk von Marie Luise Kaschnitz enthält Gedichte, die mit wenigen Ausnahmen den späten Jahren entstammen. Sie kann daher nicht den Anspruch erheben, die Lyrik in ihrer ganzen Entwicklung zu zeigen. Auf die frühen Verse, die meist noch im Herkömmlichen angesiedelt sind, wurde verzichtet, um mehr Platz zu schaffen für Arbeiten, in denen die Verwirklichung der lyrischen Sprache legitim wird. Erst Mitte der fünfziger Jahre findet ein radikaler Stilwechsel statt, der Wuchs der Verse wird härter, ohne dabei die Transparenz zu verlieren, keine wuchernde Metaphorik mehr, die Verknappung der Sprache ist das poetische Element. Gerade durch das Aussparen von Metaphern und Wörtern, durch das Weglassen halber Sätze gewinnt sie die Sicherheit und Kühnheit des sprachlichen Ausdrucks. Das Weltwissen, das Visionäre, in wenigen Zeilen zusammengedrängt, die saturnische Landschaft, das römische Licht, Sizilien, die Nebelnässe des Schwarzwalds, das Elsaß, alles wird interpretiert und verwandelt. In den letzten Jahren macht sich eine kritische Aktivität bemerkbar, ein Engagement, das genau die Grenze kennt, wo es gefährlich wird, in politische Gefälligkeit abzugleiten. Mit lakonischer Rücksichtslosigkeit gegen sich selbst läßt Marie Luise Kaschnitz den Leser in ihre Werkstatt blicken.

Müllabfuhr

Meine Gedichte
Ins Schmierheft gekritzelt
Verworfen zerhackt
Mit neuen Gliedmaßen ausgestattet
Blau angestrichen rot
Mit Flitter behangen
Der Flitter heruntergerissen
Kargwort neben Kargwort

Endlich das Ganze zerknüllt
Von der Hand in den Müll
Und fortgerollt mit Getöse
Am nächsten Morgen
Nur Worte noch zwei oder drei
Tanzen im Kielstaub
Leuchten auf in der Sonne.

Notizen, hingeschrieben in scheinbar methodischer Unordnung, die nicht unmittelbar in den schöpferischen Akt eingreifen, als Rohmaterial jedoch eine Rolle spielen, das Speichern von Erfahrungen, das Einbringen von sozialen und historischen Realitäten. Kein Zauberspruch also – aber es ist schlechthin unmöglich, den Werdegang eines gelungenen Gedichtes zu erklären. Die bestürzende Einmaligkeit des Gedichtes »Genazzano« ist nicht zu definieren, sie bleibt ein Geheimnis.

Peter Huchel

Quellenverweise

Aus: Gedichte. Claassen & Goverts G.m.b.H., Hamburg 1947:
Am Strande.

Aus: Totentanz und Gedichte zur Zeit. Claassen & Goverts G.m.b.H., Hamburg 1947:
Rückkehr nach Frankfurt (IX, X, XIII, XIV).

Aus: Dein Schweigen – meine Stimme. Claassen Verlag GmbH, Hamburg 1962:
Herbst im Breisgau (I). Wo. Auferstehung. Requiem IV (Abgesang). Gloria. Anders. Erde. Grundwasser. Dreimal. Ich lebte (I). Ein Gedicht. Rom 1961. Notizen der Hoffnung. Verdächtiges Ich. Alles das Neue (I, III). Meine Neugier.

Aus: Ewige Stadt. Scherpe-Verlag, Krefeld 1951:
Ewige Stadt (V, VII, X, XIII, XIV, XXIII).

Aus: Neue Gedichte. Claassen Verlag GmbH, Hamburg 1957:
Die Kinder dieser Welt. Hiroshima. Karte von Sizilien. Palermo. Segesta. Castelvetrano. Agrigent. Syrakus. Reggio. Jahreszeiten im Breisgau. Bräutigam Froschkönig. Weiße Wurzel. Vorstadt. Am Hafen. Piazza Vittorio. Genazzano. Spitalshof (II).

Aus: Ein Wort weiter. Claassen Verlag GmbH, Hamburg 1965:
Niemand. Über den Bettrand gebeugt. Geheim. Bertioga. Hafen. Unterwegs. Sank der Staub. Torres. Schlafemein. Gerontologie. Demut. Nicht gesagt. Die Länder die Meere. Spiralen. Schluß. Zoon Politikon (I, III, IX). Jenseits (I, III, IV). Stammbaum (1, 3, 5). Römischer Sommer (3, 4, 8). Mir in den Sinn. Das Unverlierbare.

Aus: Kein Zauberspruch. Insel Verlag Frankfurt am Main 1972:
Vögel. Elmsfeuer. Die Gärten. Standort. Erste Hilfe. Charon. Verlorene Zeit. Mein Land. Stadtaus. Wirtshausnacht. Treffpunkte. Du kommst. Flieder. Begegnung. Das Auge. Spital. Müllabfuhr. Tritte des Herbstes. Gleichzeitig. Kein Zauberspruch. Daten. Ich vergesse so viel. 1969. Neapel sehen und sterben. Ich früher. Jeder. Das alte Thema. Notwendigkeiten. Diese drei Tage. Abschied von Rom.

Inhalt

Suhrkamp Verlag GmbH
Torstraße 44, 10119 Berlin
info@suhrkamp.de
www.suhrkamp.de